LE TRANSPORT ROUTIER
DE A À Z

Naviguer les Routes de l'Industrie du Transport

copyright@2024thiryvincent

All rights reserved

By vincent thiry

LEXIQUE :

1. Camionnage : Le transport de marchandises par camion sur de longues distances.
2. Logistique : La gestion des opérations de transport, y compris le stockage, la manutention et la distribution des marchandises.
3. Flotte : L'ensemble des véhicules d'une entreprise de transport routier.
4. Chauffeur routier : Le conducteur professionnel de camion chargé de transporter les marchandises.
5. Expéditeur : La personne ou l'entreprise qui envoie des marchandises à un destinataire.
6. Réceptionnaire : La personne ou l'entreprise qui reçoit les marchandises expédiées.
7. Dépôt : Un lieu où les marchandises sont entreposées avant d'être expédiées ou livrées.
8. Transporteur : Une entreprise spécialisée dans le transport de marchandises par route.
9. Fret : Les marchandises transportées par camion.
10. Autoroute : Une route réservée aux véhicules à moteur, souvent utilisée pour les transports longue distance.
11. Le chauffeur routier

CHAPITRE 1 :
Camionnage : Le transport de marchandises par camion sur de longues distances.

Le transport de marchandises par camion sur de longues distances. C'est une composante essentielle du secteur du transport routier, permettant de déplacer efficacement une grande variété de marchandises d'un endroit à un autre. Le camionnage est un pilier vital de l'industrie du transport, assurant le déplacement efficace de marchandises sur de longues distances. Grâce à sa flexibilité et à sa polyvalence, il permet le transport de divers types de cargaisons, des produits manufacturés aux denrées périssables en passant par les matériaux de construction. Cette méthode de transport offre une rapidité de livraison appréciée par de nombreux secteurs économiques, contribuant ainsi à maintenir les chaînes d'approvisionnement fluides et réactives.

Toutefois, le camionnage n'est pas sans défis. La congestion routière, les coûts élevés de carburant et de maintenance, ainsi que les préoccupations environnementales liées aux émissions de gaz à effet de serre sont autant de problèmes auxquels l'industrie doit faire face. De plus, la pénurie de conducteurs qualifiés et les réglementations strictes en matière de sécurité routière ajoutent une pression supplémentaire sur les opérateurs.

Malgré ces défis, le camionnage reste un pilier incontournable du paysage économique mondial, assurant le mouvement efficace des biens et des marchandises essentielles à notre vie quotidienne. En combinant innovation technologique, gestion efficace des ressources et collaboration entre les acteurs de l'industrie, le secteur du camionnage peut continuer à évoluer et à prospérer dans un environnement en constante mutation.

Les avancées technologiques, telles que la numérisation des processus logistiques et l'intégration de solutions de suivi et de gestion des flottes, permettent d'optimiser l'efficacité opérationnelle et de réduire les coûts. De plus, l'émergence de camions autonomes et de véhicules électriques ou à hydrogène offre des perspectives prometteuses pour l'avenir du camionnage, en proposant des solutions plus durables et respectueuses de l'environnement.

Dans un contexte de mondialisation croissante, le camionnage joue un rôle essentiel dans la connectivité des chaînes d'approvisionnement mondiales, facilitant le commerce international et assurant la disponibilité des produits à travers le monde. Cependant, la dépendance excessive au transport routier soulève des préoccupations en matière de durabilité, mettant en évidence la nécessité de solutions de transport multimodal et de pratiques logistiques plus durables.

L'avenir du camionnage repose également sur la capacité du secteur à relever les défis émergents tels que la pénurie de chauffeurs qualifiés, les contraintes réglementaires et les pressions croissantes en matière de durabilité environnementale. Pour garantir sa pertinence à long terme, le camionnage doit continuer à s'adapter aux évolutions technologiques, à investir dans des pratiques plus durables et à promouvoir une collaboration accrue entre les parties prenantes de l'industrie. En surmontant ces défis, le camionnage peut jouer un rôle crucial dans la construction d'un avenir où le commerce mondial est fluide, efficace et respectueux de l'environnement.

Le rôle :

Le camionnage joue un rôle crucial dans le domaine du transport en assurant le déplacement efficace et fiable des marchandises sur de longues distances. En tant que mode de transport polyvalent, il offre une grande flexibilité et une accessibilité étendue, permettant de desservir des zones souvent inaccessibles par d'autres moyens de transport. Les camions peuvent transporter une grande variété de marchandises, allant des produits manufacturés aux matériaux de construction, en passant par les denrées alimentaires et les produits pharmaceutiques.

En plus de sa capacité à transporter divers types de marchandises, le camionnage offre également des avantages en termes de rapidité de livraison. Les camions peuvent souvent fournir des délais de livraison plus courts que d'autres modes de transport, ce qui les rend indispensables pour les expéditions urgentes ou les marchandises périssables.

De plus, le camionnage est un maillon essentiel de la chaîne logistique, contribuant à l'approvisionnement en biens et en produits nécessaires à l'économie. Il permet également de connecter les différentes régions et industries, favorisant ainsi le commerce et l'échange de marchandises à l'échelle nationale et internationale.

En résumé, le camionnage joue un rôle vital dans l'économie en assurant le transport efficace, rapide et fiable des marchandises sur de longues distances, contribuant ainsi au fonctionnement fluide des chaînes d'approvisionnement et au développement économique.

Le camionnage s'adapte continuellement aux besoins changeants du secteur du transport et de la logistique. Les avancées technologiques, telles que les systèmes de gestion de flotte et les dispositifs de suivi en temps réel, améliorent l'efficacité opérationnelle et la sécurité des opérations de transport routier.

De plus, le secteur du camionnage fait face à des défis tels que la pénurie de main-d'œuvre qualifiée, les réglementations environnementales de plus en plus strictes et les pressions économiques pour réduire les coûts et les délais de livraison.

Cependant, malgré ces défis, le camionnage demeure un pilier essentiel de l'économie mondiale, offrant une solution de transport fiable et polyvalente pour répondre aux besoins de l'industrie manufacturière, de la distribution, du commerce de détail et d'autres secteurs. Grâce à son adaptabilité et à son efficacité, le camionnage continuera de jouer un rôle central dans le paysage du transport et de la logistique dans les années à venir.

Le camionnage, en tant que mode de transport de marchandises, continue d'évoluer pour répondre aux exigences changeantes de l'industrie. Les camions deviennent de plus en plus sophistiqués, avec des technologies intégrées pour améliorer la sécurité, la gestion de flotte et l'efficacité énergétique. De plus, les entreprises de camionnage adoptent de nouvelles pratiques pour réduire leur impact environnemental, telles que l'utilisation de carburants alternatifs et de véhicules électriques.

Les systèmes de logistique sont également devenus plus avancés, avec des solutions de suivi en temps réel, des outils d'optimisation des itinéraires et des entrepôts automatisés. Ces avancées contribuent à une gestion plus efficace des opérations de transport, réduisant les coûts et les délais pour les entreprises et les clients.

Cependant, le secteur du camionnage est confronté à des défis tels que la pénurie de conducteurs qualifiés, les réglementations gouvernementales complexes et la concurrence croissante. Pour rester compétitives, les entreprises de camionnage doivent s'adapter rapidement aux changements du marché et investir dans des technologies et des pratiques innovantes.

Malgré ces défis, le camionnage reste un pilier essentiel de l'économie, assurant le transport efficace des marchandises à travers les pays et les continents. Son importance ne fera que croître à mesure que le commerce international se développe et que les besoins en logistique deviennent de plus en plus complexes.

CHAPITRE 2 :

Logistique : La gestion des opérations de transport, y compris le stockage, la manutention et la distribution des marchandises

La logistique est un aspect crucial du secteur du transport routier, impliquant la coordination efficace de diverses activités telles que le stockage, la manutention et la distribution des marchandises. Cette fonction permet d'optimiser les processus de livraison, de réduire les coûts et d'améliorer la satisfaction des clients. En assurant une gestion efficace de la chaîne d'approvisionnement, la logistique contribue à garantir que les marchandises sont livrées en temps voulu et en bon état, tout en minimisant les retards et les inefficacités. C'est un élément essentiel du succès du transport routier, car elle permet de maintenir des flux de marchandises fluides et fiables à travers le réseau de transport. Le rôle de la logistique dans le transport routier est de veiller à ce que les marchandises soient livrées efficacement et en toute sécurité à leur destination finale. Cela implique la planification des itinéraires, la coordination des véhicules et des conducteurs, la gestion des entrepôts et des stocks, ainsi que la résolution des problèmes logistiques éventuels qui peuvent survenir en cours de route. En optimisant ces processus, la logistique contribue à réduire les temps d'attente, les coûts de transport et les retards, ce qui se traduit par une meilleure satisfaction des clients et une performance globale plus élevée du système de transport routier.

En outre, la logistique joue un rôle crucial dans la gestion des flux de marchandises, en s'assurant que les produits sont livrés à temps et en bon état. Elle implique également la gestion des retours, la coordination des chargements et déchargements, ainsi que la surveillance des performances des fournisseurs et des transporteurs. Grâce à une logistique efficace, les entreprises peuvent améliorer leur compétitivité sur le marché en offrant des services de livraison fiables et en répondant aux besoins changeants des clients. Une planification minutieuse et une coordination efficace sont essentielles pour optimiser les opérations logistiques. Cela comprend la sélection des itinéraires les plus efficaces, l'optimisation des chargements pour maximiser l'utilisation de l'espace dans les camions, et la mise en place de systèmes de suivi pour surveiller en temps réel le déplacement des marchandises. En outre, la logistique implique souvent des processus de gestion des stocks, tels que le contrôle des niveaux de stock et la gestion des entrepôts, afin de garantir une disponibilité continue des produits. Grâce à des technologies avancées telles que les systèmes de gestion des transports (TMS) et les systèmes de gestion d'entrepôt (WMS), les entreprises peuvent automatiser et optimiser leurs processus logistiques pour une efficacité accrue et des coûts réduits.

La logistique moderne repose également sur l'utilisation de données et d'analyses pour prendre des décisions éclairées. Les entreprises peuvent utiliser des outils de prévision de la demande pour anticiper les besoins futurs et ajuster leurs opérations en conséquence. De plus, la logistique durable est devenue une préoccupation croissante, avec un accent mis sur la réduction des émissions de carbone et l'adoption de pratiques respectueuses de l'environnement, telles que l'utilisation de véhicules électriques et de carburants alternatifs, ainsi que l'optimisation des itinéraires pour réduire les kilomètres parcourus. En intégrant ces approches modernes à leurs opérations, les entreprises de transport routier peuvent améliorer leur efficacité opérationnelle tout en minimisant leur impact environnemental. En outre, l'évolution des technologies de l'information et de la communication a révolutionné la logistique routière. Les systèmes de gestion des flottes permettent aux transporteurs de surveiller en temps réel la localisation de leurs véhicules, d'optimiser les itinéraires et de gérer les temps de livraison. Les outils de suivi des marchandises offrent une visibilité accrue sur le mouvement des cargaisons, permettant aux expéditeurs et aux destinataires de suivre leurs envois de bout en bout. En combinant ces technologies avec des pratiques de gestion efficaces, les entreprises de transport peuvent améliorer leur service client, réduire les coûts opérationnels et rester compétitives sur le marché en constante évolution du transport routier.

<u>Le rôle :</u>

La logistique joue un rôle essentiel dans la gestion efficace des opérations de transport, en assurant le bon déroulement de l'ensemble du processus, depuis le stockage initial des marchandises jusqu'à leur livraison finale. Voici quelques aspects clés du rôle de la logistique :

Stockage : La logistique implique la planification et la gestion des installations de stockage où les marchandises sont entreposées en attendant d'être expédiées. Cela comprend la gestion des entrepôts, des centres de distribution et des zones de stockage, ainsi que le suivi des niveaux de stock pour garantir une disponibilité adéquate des produits.

Manutention : La logistique comprend également la coordination de la manutention des marchandises, y compris leur chargement et leur déchargement des camions, des navires, des avions ou d'autres moyens de transport. Cela implique souvent l'utilisation d'équipements de manutention tels que des chariots élévateurs, des transpalettes et des convoyeurs pour déplacer efficacement les marchandises.

Distribution : Une partie importante de la logistique consiste à planifier et à organiser la distribution des marchandises vers leur destination finale. Cela peut impliquer la gestion des itinéraires de transport, la coordination des expéditions et des livraisons, ainsi que le suivi en temps réel des envois pour s'assurer qu'ils arrivent à bon port dans les délais prévus.

Optimisation des processus : La logistique vise également à optimiser l'ensemble des processus de transport, en identifiant les inefficacités et en mettant en œuvre des solutions pour améliorer la productivité et réduire les coûts. Cela peut inclure l'utilisation de technologies de pointe telles que les systèmes de gestion des transports (TMS) et les logiciels de planification logistique pour rationaliser les opérations.

CHAPITRE 3 :
Flotte : L'ensemble des véhicules d'une entreprise de transport routier

Une flotte dans le contexte du transport routier désigne l'ensemble des véhicules utilisés par une entreprise pour transporter des marchandises ou des passagers. Cette flotte peut être composée de différents types de véhicules, tels que des camions, des remorques, des semi-remorques, des camionnettes, des autobus ou des véhicules utilitaires légers.

La gestion efficace d'une flotte est essentielle pour assurer le bon fonctionnement des opérations de transport. Cela implique la maintenance régulière des véhicules, la planification des itinéraires, la gestion des conducteurs, la surveillance de la consommation de carburant, la conformité aux réglementations routières et environnementales, ainsi que la gestion des coûts.

Une flotte bien gérée peut contribuer à améliorer l'efficacité opérationnelle, réduire les coûts, assurer la sécurité des conducteurs et des marchandises, et renforcer la satisfaction des clients. Par conséquent, les entreprises de transport routier investissent souvent dans des technologies de gestion de flotte avancées pour optimiser leurs opérations et rester compétitives sur le marché.

Le rôle :

Le rôle de la flotte dans le transport routier est crucial pour assurer le mouvement efficace des marchandises d'un endroit à un autre. La flotte comprend une variété de véhicules, tels que des camions, des remorques et des camionnettes, qui sont utilisés pour transporter différents types de marchandises. Ces véhicules sont essentiels pour répondre aux besoins logistiques des entreprises et des clients, en assurant la livraison rapide et fiable des produits. La gestion efficace de la flotte, y compris l'entretien régulier des véhicules, la planification des itinéraires et la surveillance des performances, est essentielle pour garantir une exploitation fluide et rentable du transport routier.

CHAPITRE 4:

Chauffeur routier : Le conducteur professionnel de camion chargé de transporter les marchandises.

Le chauffeur routier joue un rôle essentiel dans le transport routier en tant que conducteur professionnel de camion chargé de transporter les marchandises. Responsable de la livraison sécuritaire et ponctuelle des marchandises, le chauffeur routier doit être qualifié et expérimenté pour opérer les véhicules lourds sur de longues distances. Sa tâche comprend la conduite prudente et respectueuse des règles de la route, le chargement et le déchargement des marchandises, ainsi que la communication avec les clients et les gestionnaires logistiques. En garantissant une conduite sûre et efficace, le chauffeur routier contribue au bon fonctionnement de la chaîne d'approvisionnement et à la satisfaction des clients. Il est crucial que les chauffeurs routiers soient bien formés et dotés des compétences nécessaires pour gérer diverses situations sur la route, telles que les conditions météorologiques difficiles, les embouteillages et les itinéraires complexes. En plus de leurs compétences de conduite, les chauffeurs doivent également être attentifs à la maintenance préventive des véhicules, signalant tout problème mécanique potentiel pour garantir la sécurité et la fiabilité des transports. En travaillant en étroite collaboration avec les autres acteurs du secteur du transport routier, y compris les gestionnaires logistiques et les responsables d'exploitation, les chauffeurs routiers contribuent à maintenir la fluidité des opérations de transport et à assurer la satisfaction des clients.
En outre, les chauffeurs routiers doivent respecter

scrupuleusement les réglementations en matière de sécurité routière et de transport, notamment en ce qui concerne les heures de conduite et de repos. Ils doivent être conscients des normes de sécurité et des protocoles d'urgence en cas d'accident ou de situation dangereuse sur la route. En tant que représentants de leur entreprise, les chauffeurs routiers sont également chargés de maintenir des relations professionnelles avec les clients et de veiller à ce que les marchandises soient livrées en toute sécurité et dans les délais convenus. Ainsi, leur rôle va bien au-delà de la simple conduite et englobe de nombreux aspects de la logistique et du service à la clientèle. Le métier de chauffeur routier demande non seulement des compétences de conduite exceptionnelles, mais aussi un sens aigu de la responsabilité et de la gestion du temps. Les chauffeurs doivent être capables de gérer efficacement les longues heures passées sur la route, tout en restant concentrés et alertes. Ils doivent également faire preuve de patience et de tolérance face aux conditions de circulation souvent difficiles et aux imprévus qui peuvent survenir en cours de route. En somme, les chauffeurs routiers jouent un rôle crucial dans l'économie en assurant le transport sécurisé et efficace des marchandises à travers le pays et au-delà.

<u>Le rôle :</u>

Le rôle du chauffeur routier est essentiel dans le secteur du transport routier. En tant que conducteur professionnel de camion, il est chargé de transporter les marchandises d'un point à un autre, souvent sur de longues distances. Le chauffeur est responsable de la conduite sécurisée du véhicule, du respect des règles de circulation et des délais de livraison.

Outre la conduite, le chauffeur routier est également chargé de surveiller l'état du véhicule et de signaler tout problème mécanique ou technique. Il doit planifier ses itinéraires de manière efficace, en tenant compte des conditions routières, des restrictions de circulation et des horaires de livraison. De plus, le chauffeur doit suivre les règles de sécurité et les réglementations en matière de transport, telles que les limites de vitesse, les heures de conduite autorisées et les exigences en matière de repos. Afin d'assurer le bon déroulement des opérations de transport routier, les chauffeurs doivent souvent collaborer avec d'autres acteurs de la chaîne logistique, tels que les responsables de la planification des itinéraires, les gestionnaires de flotte, les agents de chargement et de déchargement, ainsi que les représentants des clients. Cette collaboration est essentielle pour garantir que les marchandises sont livrées en temps voulu et en bon état.

En outre, les chauffeurs doivent également être attentifs aux règles et réglementations en vigueur dans les différents pays qu'ils traversent, en ce qui concerne les exigences de conduite, les limites de poids et de dimension, ainsi que les procédures douanières le cas échéant. Ils doivent également être prêts à faire face à divers défis sur la route, tels que les conditions météorologiques défavorables, les embouteillages et les incidents routiers, tout en restant concentrés sur leur objectif de livraison en toute sécurité.

En fin de compte, le rôle du chauffeur routier va au-delà de la simple conduite d'un véhicule. C'est un travail exigeant qui demande de la vigilance, de la responsabilité et de l'engagement pour assurer le succès des opérations de transport et la satisfaction des clients.

CHAPITRE 5 :
Expéditeur : La personne ou l'entreprise qui envoie des marchandises à un destinataire.

L'expéditeur est la partie responsable de l'envoi de marchandises ou de colis à un destinataire. Il peut s'agir d'une personne ou d'une entreprise qui expédie des produits vers une autre adresse, que ce soit pour des raisons commerciales ou personnelles. L'expéditeur est chargé de préparer les marchandises pour l'expédition, de choisir le mode de transport approprié, de payer les frais d'expédition et de s'assurer que les marchandises arrivent à destination en bon état et dans les délais impartis.

Le rôle :

Le rôle de l'expéditeur dans le transport routier est de préparer les marchandises à expédier et de les confier à un transporteur pour qu'elles soient livrées à leur destination. Cela implique généralement de veiller à ce que les marchandises soient correctement emballées, étiquetées et prêtes à être chargées dans le camion du transporteur. L'expéditeur est également chargé de fournir toutes les informations nécessaires au transporteur, telles que les adresses d'expédition et de livraison, les instructions spéciales et les documents requis. En outre, l'expéditeur doit coordonner le calendrier de livraison avec le transporteur pour s'assurer que les marchandises arrivent à temps à leur destination. En résumé, le rôle de l'expéditeur est de faciliter le processus d'expédition des marchandises en fournissant tous les détails nécessaires pour une livraison efficace et réussie.

CHAPITRE 6 :
Réceptionnaire : La personne ou l'entreprise qui reçoit les marchandises expédiées.

Le rôle du réceptionnaire dans le transport routier est de recevoir les marchandises qui lui sont destinées et de s'assurer qu'elles sont livrées en toute sécurité et conformément aux instructions fournies par l'expéditeur. Cela implique généralement de vérifier l'intégrité des marchandises à leur arrivée, de comparer les quantités et les descriptions des articles livrés avec les documents d'expédition, et de signaler toute anomalie ou dommage éventuel au transporteur. Le réceptionnaire est également responsable de la documentation liée à la réception des marchandises, y compris la signature des bordereaux de livraison et l'enregistrement des informations relatives à la réception dans les systèmes de gestion des stocks de l'entreprise. En résumé, le rôle du réceptionnaire est de garantir une réception efficace et conforme des marchandises expédiées, tout en assurant la traçabilité et la gestion appropriée de l'inventaire de l'entreprise.

Le rôle :

Le rôle du réceptionnaire dans le transport routier est crucial pour assurer une réception efficace et conforme des marchandises expédiées. Voici un résumé de ses principales responsabilités :

Réception des marchandises : Le réceptionnaire est chargé de recevoir les marchandises qui lui sont destinées à leur arrivée.

Vérification de l'intégrité des marchandises : Il doit vérifier l'état général des marchandises à leur arrivée pour s'assurer qu'elles n'ont pas été endommagées pendant le transport.

Comparaison avec les documents d'expédition : Le réceptionnaire doit comparer les quantités et les descriptions des articles livrés avec les documents d'expédition pour garantir leur conformité.

Signalement des anomalies ou dommages : En cas d'anomalie ou de dommage constaté sur les marchandises, le réceptionnaire doit le signaler immédiatement au transporteur pour prendre les mesures nécessaires.

Documentation : Le réceptionnaire est responsable de la documentation liée à la réception des marchandises, y compris la signature des bordereaux de livraison et l'enregistrement des informations relatives à la réception dans les systèmes de gestion des stocks de l'entreprise.

CHAPITRE 7 :
Dépôt : Un lieu où les marchandises sont entreposées avant d'être expédiées ou livrées.

Le dépôt est un lieu crucial dans la chaîne logistique du transport routier. Voici quelques-unes de ses caractéristiques et fonctions principales :

Entreposage des marchandises : Le dépôt est utilisé pour stocker temporairement les marchandises avant leur expédition ou leur livraison ultérieure. Il peut s'agir de produits finis prêts à être distribués aux clients, de marchandises en attente de traitement ou de transformation, ou encore de matériaux et équipements nécessaires à la production.

Gestion des stocks : Le dépôt assure la gestion des stocks en surveillant les niveaux de marchandises disponibles, en suivant les entrées et les sorties, et en réapprovisionnant les articles au besoin. Cela garantit une disponibilité continue des produits pour répondre à la demande des clients.

Consolidation et tri : Dans certains cas, le dépôt peut être utilisé pour consolider les envois provenant de plusieurs sources avant leur expédition vers leur destination finale. Il peut également servir de point de triage où les marchandises sont triées et regroupées en fonction de leur destination ou de leur itinéraire de livraison.

Distribution : Le dépôt peut également fonctionner comme un centre de distribution à partir duquel les marchandises sont expédiées aux clients ou à d'autres sites. Cela implique la préparation des commandes, l'emballage des marchandises et l'organisation des expéditions en fonction des itinéraires de livraison.

Sécurité et contrôle : En plus de son rôle logistique, le dépôt assure également la sécurité des marchandises en les protégeant contre le vol, les dommages et les conditions environnementales défavorables. Des mesures de contrôle d'accès et de surveillance peuvent être mises en place pour assurer la sécurité des biens entreposés.

Le rôle :

Le rôle du dépôt dans le transport routier est essentiel à la gestion efficace des marchandises tout au long de la chaîne logistique. Voici quelques-unes de ses fonctions principales :

Stockage des marchandises : Le dépôt sert de lieu de stockage temporaire pour les marchandises en attente d'expédition ou de livraison ultérieure. Il offre un espace sécurisé pour entreposer les produits jusqu'à ce qu'ils soient prêts à être distribués.

Gestion des stocks : Le dépôt assure le suivi des niveaux de stock, des entrées et des sorties de marchandises. Cela inclut la tenue de registres précis sur les quantités de produits disponibles, la vérification des dates de péremption et la rotation des stocks pour garantir une disponibilité optimale.

Préparation des commandes : Les marchandises stockées dans le dépôt sont préparées pour l'expédition en fonction des commandes des clients. Cela comprend la collecte, le conditionnement et l'étiquetage des articles pour assurer une expédition rapide et précise.

Consolidation des expéditions : Dans certains cas, le dépôt peut regrouper plusieurs envois en une seule expédition pour optimiser l'efficacité et réduire les coûts. Cela peut impliquer la consolidation des marchandises en provenance de différents fournisseurs ou l'assemblage de commandes multiples pour un même destinataire.

Distribution des marchandises : Une fois les commandes préparées, le dépôt est chargé de les expédier aux clients ou aux points de vente désignés. Cela peut impliquer la coordination des itinéraires de livraison, la planification des routes et la gestion des transports pour garantir une livraison en temps voulu.

Gestion de l'inventaire : Le dépôt est responsable de maintenir un inventaire précis des marchandises stockées, y compris la tenue de registres à jour sur les mouvements de stock et les niveaux de disponibilité. Cela permet de minimiser les ruptures de stock et de répondre efficacement à la demande des clients.

CHAPITRE 8 :

<u>Transporteur : Une entreprise spécialisée dans
le transport de marchandises par route.</u>

Le transporteur est une entité ou une entreprise spécialisée dans le déplacement de marchandises d'un point à un autre à l'aide de véhicules adaptés, principalement des camions, sur les routes. Voici quelques-unes des principales responsabilités et fonctions d'un transporteur dans le secteur du transport routier :

Collecte des marchandises : Le transporteur est chargé de récupérer les marchandises auprès de l'expéditeur ou du dépôt et de les transporter vers leur destination prévue.

Planification des itinéraires : Le transporteur doit planifier les itinéraires les plus efficaces pour la livraison des marchandises, en tenant compte de divers facteurs tels que la distance, les conditions routières, les restrictions de poids et de hauteur, ainsi que les délais de livraison requis.

Chargement et déchargement : Le transporteur est responsable du chargement sûr et efficace des marchandises dans les véhicules de transport et de leur déchargement à leur arrivée à destination.

Respect des règlementations : Le transporteur doit se conformer à toutes les réglementations en vigueur relatives au transport routier, telles que les limitations de vitesse, les temps de conduite et de repos, ainsi que les normes de sécurité des chargements.

Suivi des expéditions : Le transporteur doit assurer le suivi des expéditions tout au long du processus de transport, en fournissant des mises à jour régulières sur l'emplacement et l'état des marchandises aux expéditeurs et aux destinataires.

Gestion des documents : Le transporteur est chargé de la gestion des documents de transport, tels que les bons de livraison, les factures et les documents douaniers, pour assurer une livraison efficace et sans problème des marchandises.

Service à la clientèle : Le transporteur doit fournir un service à la clientèle de qualité, en répondant aux questions et aux préoccupations des clients, en résolvant les problèmes éventuels et en assurant une communication claire tout au long du processus de transport.

<u>Le rôle :</u>

Le rôle d'un transporteur dans le secteur du transport routier est crucial pour assurer le déplacement efficace des marchandises d'un endroit à un autre. Voici quelques-unes des principales responsabilités et fonctions d'un transporteur :

Collecte des marchandises : Le transporteur est chargé de récupérer les marchandises auprès de l'expéditeur ou du lieu de production selon les instructions données.

Planification des itinéraires : Le transporteur doit planifier les itinéraires les plus efficaces en tenant compte de divers facteurs tels que la distance, les conditions de la route, les restrictions de poids et de hauteur, et les délais de livraison requis.

Chargement et déchargement : Le transporteur est responsable du chargement sûr et efficace des marchandises dans les véhicules de transport, ainsi que de leur déchargement à leur destination finale.

Respect des réglementations : Le transporteur doit se conformer à toutes les réglementations en vigueur relatives au transport routier, telles que les limites de vitesse, les heures de conduite et de repos, et les règles de sécurité pour les chargements.

Suivi des expéditions : Le transporteur doit assurer le suivi des expéditions tout au long du processus de transport, en fournissant des mises à jour régulières sur l'emplacement et l'état des marchandises aux expéditeurs et aux destinataires.

Gestion des documents : Le transporteur est chargé de gérer tous les documents associés au transport des marchandises, y compris les bons de livraison, les factures et les documents douaniers, pour assurer une livraison correcte et sans problème.

Service à la clientèle : Le transporteur doit fournir un service à la clientèle de qualité, en répondant aux questions et aux préoccupations des clients, en résolvant les problèmes éventuels et en assurant une communication claire tout au long du processus de transport.

CHAPITRE 9 :
Fret : Les marchandises transportées par camion.

Le fret désigne les marchandises transportées par camion. Cela inclut une grande variété de produits, des biens de consommation aux matières premières, en passant par les produits manufacturés et les produits agricoles. Le fret peut être transporté sur de courtes ou de longues distances, en fonction des besoins logistiques des expéditeurs et des destinataires. Les transporteurs routiers sont chargés de collecter, transporter et livrer ce fret en toute sécurité et dans les délais impartis, jouant ainsi un rôle crucial dans l'économie en facilitant le commerce et la distribution des marchandises à travers le pays et au-delà.

Le rôle :

Le rôle du fret dans le transport routier est crucial car il représente les marchandises transportées par camion. Ces marchandises peuvent varier en taille, en poids et en type, allant des produits manufacturés aux matériaux de construction en passant par les produits alimentaires et les produits chimiques. Le fret doit être correctement emballé, chargé et sécurisé pour garantir un transport sûr et efficace. Les entreprises de transport routier jouent un rôle essentiel dans le déplacement du fret d'un point à un autre, en veillant à ce qu'il soit livré en toute sécurité et dans les délais impartis.

CHAPITRE 10 :
Autoroute : Une route réservée aux véhicules à moteur, souvent utilisée pour les transports longue distance.

Une autoroute est une route spécialement conçue pour les

véhicules à moteur, offrant généralement des voies séparées et des caractéristiques de sécurité telles que des barrières centrales et des sorties dédiées. Ces routes sont souvent utilisées pour les transports longue distance en raison de leur tracé direct et de leur accès rapide. Elles permettent aux véhicules de circuler à des vitesses plus élevées que sur les routes locales, ce qui en fait un choix privilégié pour les trajets nécessitant un déplacement rapide et efficace.

Sur une autoroute, les dangers peuvent inclure :
- Excès de vitesse : Les conducteurs peuvent rouler à des vitesses excessives, ce qui augmente le risque d'accidents et de collisions.
- Changements de voie brusques : Certains conducteurs peuvent effectuer des changements de voie brusques ou sans clignotants, ce qui peut causer des accidents.
- Distraction au volant : Les conducteurs peuvent être distraits par leur téléphone portable, la radio ou d'autres passagers, ce qui peut réduire leur vigilance et augmenter le risque d'accidents.
- Conduite sous l'influence : La conduite sous l'influence de l'alcool ou de drogues est particulièrement dangereuse sur les autoroutes en raison des vitesses élevées impliquées.
- Conditions météorologiques : Les conditions météorologiques telles que la pluie, la neige ou le brouillard peuvent réduire la visibilité et rendre la conduite plus dangereuse.
- Obstacles sur la chaussée : Des obstacles tels que des débris, des animaux sauvages ou des accidents précédents peuvent constituer des dangers pour les conducteurs.
- Fatigue au volant : La fatigue au volant peut être un problème sur les autoroutes, surtout lors de longs trajets sans pause.
- Travaux routiers : Les zones de travaux routiers peuvent présenter des dangers supplémentaires en raison de la présence de travailleurs, de voies rétrécies ou de changements de configuration de la route.

Il est essentiel pour les conducteurs d'être conscients de

ces dangers et de rester vigilants lorsqu'ils conduisent sur une autoroute.

- Lorsque vous conduisez sur une autoroute à proximité de poids lourds, il est important d'adopter un comportement prudent et respectueux pour assurer la sécurité de tous. Voici quelques conseils pour interagir en toute sécurité avec les poids lourds sur l'autoroute :
- Gardez vos distances : Assurez-vous de maintenir une distance de sécurité suffisante entre votre véhicule et le poids lourd devant vous. Les poids lourds ont besoin de plus d'espace pour freiner en cas d'urgence, donc garder une distance adéquate réduit le risque de collision.
- Ne restez pas dans les angles morts : Évitez de conduire dans les angles morts des poids lourds, où le conducteur ne peut pas vous voir dans ses rétroviseurs. Si vous ne pouvez pas voir les rétroviseurs du conducteur dans son véhicule, il y a de fortes chances qu'il ne vous voie pas non plus.
- Dépassement prudent : Si vous devez dépasser un poids lourd, faites-le avec prudence. Assurez-vous d'avoir une visibilité claire et suffisante de la route devant vous et utilisez vos clignotants pour indiquer votre intention de changer de voie. Passez rapidement et évitez de rester à côté du poids lourd plus longtemps que nécessaire.
- Soyez prévisible : Évitez les manœuvres brusques ou imprévisibles près des poids lourds. Signalez vos changements de voie à l'avance, maintenez une vitesse constante et évitez de freiner brusquement devant un poids lourd, car cela peut lui causer des difficultés à freiner.
- Soyez patient : Les poids lourds peuvent avoir besoin de plus de temps pour accélérer ou monter des pentes. Soyez patient lorsque vous conduisez derrière un poids lourd et évitez les manœuvres risquées pour les dépasser dans des situations dangereuses.
- En adoptant ces comportements, vous contribuez à améliorer la sécurité routière et à réduire les risques d'accidents

impliquant des poids lourds sur l'autoroute.

CHAPITRE 11 :
Le chauffeur routier

Le chauffeur routier joue un rôle essentiel dans le transport routier. Voici quelques explications sur ses responsabilités et ses tâches :

Conduite du camion : Le chauffeur est chargé de conduire le camion en toute sécurité sur les routes et autoroutes pour livrer les marchandises à destination. Cela implique de respecter les règles de circulation, de conduire prudemment et d'adapter sa conduite aux conditions de la route et de la circulation.

Chargement et déchargement : Le chauffeur peut être responsable du chargement et du déchargement des marchandises dans le camion, en veillant à ce qu'elles soient correctement sécurisées pour le transport.

Maintenance du véhicule : Il est également chargé de veiller à ce que le camion soit en bon état de fonctionnement avant le départ. Cela peut inclure des vérifications de routine, telles que le contrôle des niveaux d'huile et de carburant, ainsi que des inspections visuelles du camion pour détecter tout signe de problème mécanique.

Respect des réglementations : Le chauffeur doit respecter les réglementations en vigueur dans le domaine du transport routier, notamment en ce qui concerne les temps de conduite et de repos, les limites de vitesse, les charges autorisées et les règles de sécurité.

Communication : Il doit souvent communiquer avec les expéditeurs, les réceptionnaires et les employeurs pour coordonner les livraisons, signaler les retards éventuels et répondre aux exigences spécifiques du transport.

Gestion des documents : Le chauffeur est responsable de la documentation liée au transport des marchandises, y compris les bordereaux de livraison, les bons de commande et les documents douaniers, et doit s'assurer qu'ils sont correctement remplis et conservés.

Adaptabilité : Enfin, le chauffeur doit faire preuve d'adaptabilité et de flexibilité pour faire face aux imprévus tels que les changements de trajet, les conditions météorologiques défavorables ou les retards de livraison.

Gestion du temps : Le chauffeur doit être capable de gérer son temps de manière efficace pour respecter les délais de livraison et les horaires impartis, tout en prenant en compte les contraintes de conduite légales en matière de temps de travail et de repos.

Sécurité routière : Il doit être conscient des dangers potentiels sur la route et adopter une conduite défensive pour éviter les accidents. Cela inclut de maintenir une distance de sécurité avec les autres véhicules, de signaler les changements de voie et de rester attentif aux conditions de la route.

Gestion des urgences : En cas d'urgence sur la route, comme une panne de véhicule ou un accident, le chauffeur doit être capable de réagir rapidement et de prendre les mesures nécessaires pour assurer sa sécurité et celle des autres usagers de la route, ainsi que pour protéger les marchandises transportées.

Interaction avec les clients : Dans certains cas, le chauffeur peut être amené à interagir directement avec les clients lors de la livraison des marchandises. Il doit donc faire preuve de professionnalisme et de courtoisie dans ses échanges pour assurer une expérience client positive.

Formation continue : Enfin, le chauffeur doit rester informé des évolutions réglementaires et technologiques dans le domaine du transport routier et participer à des formations continues pour améliorer ses compétences et sa sécurité au volant.

En combinant toutes ces responsabilités, le chauffeur routier contribue de manière significative à la chaîne logistique et au bon fonctionnement de l'économie en assurant le transport fiable et efficace des marchandises.

Les dangers potentiels sur la route pour les chauffeurs routiers sont nombreux et peuvent inclure :

Accidents de la route : Les accidents de la route sont l'un des plus grands dangers pour les chauffeurs routiers. Cela peut être dû à une conduite imprudente, à des conditions météorologiques défavorables, à des défaillances mécaniques du véhicule ou à des comportements dangereux d'autres conducteurs.

Fatigue au volant : La fatigue est un problème majeur pour les chauffeurs routiers, car de longues heures passées sur la route peuvent entraîner une diminution de la vigilance et des temps de réaction plus lents, augmentant ainsi le risque d'accident.

Stress et pression : Les chauffeurs peuvent être soumis à un stress important en raison des délais de livraison serrés, des longues heures de conduite et de l'isolement sur la route. Cela peut affecter leur bien-être mental et physique, ainsi que leur capacité à conduire en toute sécurité.

Conditions météorologiques : Les conditions météorologiques défavorables, telles que la pluie, la neige, le brouillard ou le vent fort, peuvent rendre la conduite plus difficile et augmenter les risques d'accident.

Distractions au volant : Les distractions, telles que l'utilisation du téléphone portable, la manipulation du GPS, manger ou boire en conduisant, peuvent entraîner une perte d'attention et augmenter les risques d'accident.

Problèmes mécaniques : Les défaillances mécaniques du véhicule, comme les pneus crevés, les freins défectueux ou les problèmes de direction, peuvent entraîner des accidents graves sur la route.

Conduite agressive : Les comportements agressifs tels que la vitesse excessive, les dépassements dangereux ou le non-respect des règles de circulation augmentent le risque d'accident pour les chauffeurs routiers.

Il est essentiel pour les chauffeurs routiers de rester vigilants, bien reposés et de respecter les règles de sécurité sur la route pour réduire les risques d'accident et assurer leur sécurité ainsi que celle des autres usagers de la route.

Les avantages du métier de chauffeur routier peuvent être nombreux, notamment :

Liberté et autonomie : Les chauffeurs routiers bénéficient souvent d'une certaine liberté dans leur emploi du temps, ce qui leur permet de planifier leurs trajets et leurs horaires en fonction de leurs préférences personnelles.

Diversité des itinéraires : Voyager sur la route offre aux chauffeurs routiers la possibilité de découvrir de nouveaux endroits, de rencontrer de nouvelles personnes et de profiter de paysages variés tout en effectuant leur travail.

Opportunités de carrière : Le secteur du transport routier offre une large gamme d'opportunités de carrière, avec la possibilité de travailler pour différentes entreprises, de se spécialiser dans différents types de transport et de progresser vers des postes de gestion ou de direction.

Rémunération compétitive : Les chauffeurs routiers peuvent bénéficier d'une rémunération compétitive, avec la possibilité de gagner un salaire confortable, en particulier pour ceux qui acceptent des missions longues distances ou qui travaillent dans des secteurs spécialisés.

Flexibilité : Pour certains chauffeurs routiers, le métier peut offrir une certaine flexibilité en termes d'horaires de travail et de lieu de résidence, ce qui peut être attrayant pour ceux qui cherchent à concilier travail et vie personnelle.

Indépendance : Certains chauffeurs routiers choisissent de travailler en tant qu'entrepreneurs indépendants, ce qui leur offre un haut degré d'indépendance et de contrôle sur leur activité professionnelle.

Stabilité de l'emploi : Le secteur du transport routier est souvent considéré comme offrant une stabilité de l'emploi, car il joue un rôle essentiel dans l'économie en assurant le transport de marchandises d'un endroit à un autre.

Il convient de noter que les avantages peuvent varier en fonction de différents facteurs tels que le type de transport, l'entreprise employeur et les préférences individuelles du chauffeur.

CHAPITRE 12 :
Le transport routier en 2024

En 2024, le transport routier continue de jouer un rôle essentiel dans l'économie mondiale, offrant de nombreux avantages :

Flexibilité : Le transport routier est très flexible, permettant de livrer des marchandises directement de porte à porte, ce qui est particulièrement avantageux pour les expéditions de petites et moyennes tailles.

Accessibilité : Les routes et autoroutes bien développées permettent un accès facile aux zones urbaines et rurales, facilitant ainsi la livraison des marchandises même dans les endroits les plus reculés.

Rapidité : Le transport routier est souvent plus rapide que d'autres modes de transport, en particulier pour les distances courtes et moyennes. Cela permet des délais de livraison plus courts et une meilleure réactivité aux demandes des clients.

Souplesse : Les camions peuvent transporter une grande variété de marchandises, des produits périssables aux produits en vrac, offrant ainsi une solution de transport adaptée à divers besoins.

Suivi et traçabilité : Les progrès technologiques permettent un suivi en temps réel des véhicules et des marchandises, offrant une visibilité et une traçabilité accrues tout au long de la chaîne d'approvisionnement.

Service porte à porte : Le transport routier offre un service de porte à porte, ce qui signifie que les marchandises peuvent être collectées et livrées directement à leur destination finale sans nécessiter de transbordement.

Rentabilité : Pour de courtes et moyennes distances, le transport routier peut souvent être plus économique que d'autres modes de transport, en particulier lorsque l'on considère les coûts de manutention et de stockage supplémentaires associés au transport ferroviaire ou maritime.

Réseau mondial : Avec un réseau routier mondial bien développé, le transport routier permet de relier facilement les entreprises et les marchés du monde entier, favorisant ainsi le commerce international et la croissance économique.

Le transport routier avec les pays de l'est a connu plusieurs évolutions et défis en 2024. Voici quelques points clés à considérer :

Ouverture des frontières : Avec l'expansion de l'Union européenne et l'adhésion de nouveaux pays de l'Est, les frontières se sont ouvertes, facilitant ainsi le transport routier entre les pays membres.

Nouveaux marchés : L'ouverture des frontières a permis aux entreprises de transport routier d'accéder à de nouveaux marchés dans les pays de l'Est, offrant ainsi de nouvelles opportunités commerciales et de croissance.

Concurrence accrue : L'augmentation du nombre d'entreprises de transport routier opérant dans la région a conduit à une concurrence accrue, ce qui a parfois exercé une pression sur les prix et les marges bénéficiaires.

Infrastructure routière : Des investissements ont été réalisés dans l'infrastructure routière des pays de l'Est pour améliorer les conditions de transport, notamment en modernisant les autoroutes et en réduisant les temps de trajet.

Réglementations et formalités douanières : Malgré l'ouverture des frontières, certains défis persistent en matière de réglementations et de formalités douanières, ce qui peut entraîner des retards et des complications pour les transporteurs routiers.

Sécurité routière : La sécurité routière reste une préoccupation majeure, avec des efforts continus pour réduire les accidents et améliorer les normes de sécurité des véhicules et des conducteurs.

Le transport routier entre la France et les pays de l'Est présente plusieurs risques potentiels, notamment :

Sécurité routière : Les routes dans certains pays de l'Est peuvent être moins développées ou entretenues que celles de la France, ce qui augmente le risque d'accidents. De plus, les différences dans les normes de conduite et le respect du code de la route peuvent également contribuer à des situations dangereuses sur la route.

Vols et vandalisme : Le transport de marchandises sur de longues distances expose les camions et leurs cargaisons au risque de vols et de vandalisme, en particulier lorsqu'ils traversent des zones à risque ou des régions où la sécurité n'est pas garantie.

Risque de retard : En raison des formalités douanières et des contrôles aux frontières, il existe un risque de retard dans le transport des marchandises entre la France et les pays de l'Est. Les retards peuvent être causés par des contrôles de sécurité accrus, des procédures administratives complexes ou des problèmes logistiques imprévus.

Volatilité des conditions politiques et économiques : Les changements politiques ou économiques dans les pays de l'Est peuvent avoir un impact sur le transport routier, en particulier en cas de tensions géopolitiques, de conflits ou d'instabilité économique. Cela peut entraîner des perturbations dans les flux de marchandises et des risques pour la sécurité des conducteurs.

Fraude et corruption : Dans certains cas, il peut y avoir un risque de fraude ou de corruption lors des transactions commerciales ou des formalités douanières avec les pays de l'Est. Il est important de prendre des mesures pour se prémunir contre de telles pratiques et travailler avec des partenaires commerciaux fiables et transparents.

L'embauche de chauffeurs originaires des pays de l'Est par des entreprises de transport françaises peut présenter certains défis et risques pour les chauffeurs français. Voici quelques-uns des dangers potentiels :

Barrière linguistique : La communication efficace est essentielle sur la route pour assurer la sécurité et la coordination entre les chauffeurs, les opérateurs logistiques et les autorités. Si les chauffeurs français et ceux des pays de l'Est ne parlent pas la même langue ou ne maîtrisent pas une langue commune, cela peut entraîner des malentendus, des erreurs de communication et des risques accrus sur la route.

Différences de formation : Les normes de formation et de qualification pour les chauffeurs routiers peuvent varier d'un pays à l'autre. Si les chauffeurs embauchés des pays de l'Est ne sont pas formés aux mêmes normes de sécurité et de conduite que les chauffeurs français, cela pourrait poser un risque pour la sécurité sur la route.

Conflits culturels : Les différences culturelles entre les chauffeurs français et ceux des pays de l'Est pourraient entraîner des tensions ou des conflits sur les lieux de travail, ce qui pourrait affecter la cohésion de l'équipe et la sécurité des opérations.

Conditions de travail : Si les chauffeurs originaires des pays de l'Est sont embauchés à des conditions de rémunération inférieures ou s'ils sont soumis à des pratiques de travail précaires, cela pourrait créer des frictions au sein de l'entreprise et nuire à la moral des chauffeurs français. Cela peut également entraîner une concurrence déloyale sur le marché du travail.

Concurrence accrue : L'augmentation du nombre de chauffeurs originaires des pays de l'Est sur le marché du travail français pourrait intensifier la concurrence pour les emplois et les opportunités dans le secteur du transport routier, ce qui pourrait entraîner une pression accrue sur les conditions de travail et les salaires des chauffeurs français.

En résumé, bien que l'embauche de chauffeurs des pays de l'Est puisse offrir des avantages en termes de main-d'œuvre qualifiée et disponible, il est important pour les entreprises de transport françaises de prendre en compte les risques potentiels pour assurer la sécurité, le bien-être et l'équité au sein de leur main-d'œuvre. Cela nécessite une gestion proactive des ressources humaines, une communication claire et ouverte et le respect des normes de sécurité et de travail.

Le travail déloyal avec les chauffeurs des pays de l'Est

peut prendre plusieurs formes et poser des risques tant pour les travailleurs que pour l'industrie dans son ensemble. Voici quelques exemples de pratiques déloyales qui peuvent être associées à l'emploi de chauffeurs originaires des pays de l'Est :

Rémunération inférieure au salaire minimum : Certains employeurs peuvent exploiter les chauffeurs en leur versant des salaires inférieurs au salaire minimum légal, contournant ainsi les lois sur le salaire minimum et privant les chauffeurs de rémunération équitable pour leur travail.

Heures de travail excessives non rémunérées : Les employeurs peuvent exiger des chauffeurs qu'ils travaillent des heures supplémentaires non rémunérées ou qu'ils dépassent les limites légales en matière de temps de conduite, mettant ainsi en danger la sécurité des chauffeurs et des autres usagers de la route.

Conditions de travail dangereuses : Certains employeurs peuvent négliger la sécurité des chauffeurs en leur fournissant des véhicules mal entretenus, des équipements de sécurité défectueux ou des conditions de travail dangereuses, ce qui expose les chauffeurs à un risque accru d'accidents et de blessures.

Pratiques de logement précaires : Dans certains cas, les employeurs peuvent fournir un logement précaire ou inadéquat aux chauffeurs, les exposant à des conditions de vie insalubres ou dangereuses.

Manque d'accès à la protection sociale : Les chauffeurs peuvent se voir refuser l'accès aux prestations sociales ou aux assurances, les laissant sans filet de sécurité en cas de maladie, d'accident ou de perte d'emploi.

Ces pratiques déloyales non seulement exploitent les chauffeurs, mais elles créent également des distorsions sur le marché du travail, compromettent la sécurité routière et nuisent à l'intégrité de l'industrie du transport routier dans son ensemble. Il est crucial que les autorités de réglementation, les syndicats et les organisations de défense des droits du travail surveillent de près ces pratiques et prennent des mesures pour les combattre afin de garantir des conditions de travail équitables et sûres pour tous les chauffeurs.

Pour rectifier le travail déloyal dans le secteur du transport routier impliquant des chauffeurs des pays de l'Est, plusieurs mesures peuvent être prises à différents niveaux :

Renforcement de la réglementation : Les autorités compétentes doivent renforcer la réglementation du travail pour garantir le respect des normes en matière de rémunération, d'heures de travail, de sécurité et de conditions de travail équitables pour tous les chauffeurs, quel que soit leur pays d'origine. Cela peut inclure l'imposition de sanctions plus sévères pour les employeurs contrevenants.

Contrôles et inspections accrues : Les organismes de réglementation doivent mener des contrôles et des inspections plus fréquents et rigoureux pour s'assurer que les employeurs respectent les réglementations en vigueur. Cela peut aider à identifier les pratiques déloyales et à prendre des mesures correctives appropriées.

Sensibilisation et formation : Il est important de sensibiliser les chauffeurs aux droits du travail et de leur fournir une formation sur les lois du travail et les normes de sécurité applicables. Les organisations syndicales et les organisations de défense des droits des travailleurs peuvent jouer un rôle clé dans ce domaine.

Collaboration internationale : Étant donné que le travail déloyal dans le secteur du transport routier implique souvent des activités transfrontalières, la coopération internationale entre les pays est essentielle. Les gouvernements et les organismes de réglementation peuvent travailler ensemble pour échanger des informations, harmoniser les normes et coordonner les efforts de lutte contre le travail déloyal.

Responsabilité des entreprises : Les entreprises de transport doivent être tenues responsables de leurs pratiques en matière d'emploi. Cela peut passer par l'adoption de codes de conduite éthiques, la transparence dans les pratiques de recrutement et de rémunération, et la mise en place de mécanismes permettant aux travailleurs de signaler les abus en toute sécurité.

En mettant en œuvre ces mesures et en travaillant ensemble à l'échelle nationale et internationale, il est possible de lutter efficacement contre le travail déloyal dans le secteur du transport routier et de garantir des conditions de travail équitables et sûres pour tous les chauffeurs.

En 2024, le transport routier français est soumis à diverses garanties et réglementations visant à assurer la sécurité des conducteurs, la protection des marchandises transportées, et la régularité des services. Voici quelques-unes des garanties du transport routier français en 2024 :

Réglementation du temps de conduite et de repos : Les conducteurs routiers sont soumis à des règles strictes concernant leurs heures de conduite et de repos pour garantir leur sécurité et prévenir la fatigue au volant. Ces règles sont régies par la réglementation européenne et nationale, telles que le règlement européen sur les temps de conduite et de repos.

Contrôle technique des véhicules : Tous les véhicules de transport routier doivent subir des contrôles techniques réguliers pour garantir leur conformité aux normes de sécurité et de performance. Ces contrôles sont effectués par des centres agréés et couvrent divers aspects des véhicules, tels que les freins, les pneus, les émissions, etc.

Sécurité des marchandises transportées : Les transporteurs routiers sont tenus de prendre des mesures pour garantir la sécurité et l'intégrité des marchandises qu'ils transportent. Cela peut inclure l'utilisation d'emballages appropriés, la sécurisation des chargements pendant le transport, et le respect des normes de sécurité spécifiques à certains types de marchandises.

Assurance responsabilité civile : Tous les transporteurs routiers doivent être couverts par une assurance responsabilité civile pour couvrir les dommages éventuels causés aux tiers dans le cadre de leurs activités de transport. Cette assurance est obligatoire et garantit une indemnisation en cas d'accident ou de dommage causé par le transporteur.

Contrôles des autorités compétentes : Les autorités compétentes, telles que la Direction générale des infrastructures, des transports et de la mer (DGITM) et la Gendarmerie nationale, sont chargées de contrôler et d'assurer le respect des réglementations en vigueur dans le secteur du transport routier. Cela inclut la vérification des documents, des véhicules et des conducteurs, ainsi que l'imposition de sanctions en cas de non-conformité.

En garantissant le respect de ces réglementations et en veillant à leur application rigoureuse, le transport routier français en 2024 vise à assurer la sécurité, la fiabilité et la qualité des services de transport sur les routes françaises.

Haut du formulaire

Le monde du transport a considérablement évolué depuis les années 80, avec des changements majeurs dans les technologies, les réglementations, les pratiques commerciales et les modes de fonctionnement. Voici quelques-unes des principales différences entre le monde du transport des années 80 et celui d'aujourd'hui :

Technologie : Les progrès technologiques ont révolutionné le secteur du transport. Dans les années 80, les communications étaient limitées aux appels téléphoniques et aux fax, tandis qu'aujourd'hui, les entreprises de transport utilisent des systèmes de gestion de flotte avancés, des outils de suivi GPS, des applications mobiles et des plateformes en ligne pour gérer leurs opérations de manière plus efficace.

Informatisation : Alors qu'auparavant, de nombreuses tâches administratives étaient effectuées manuellement, comme la tenue des registres et la facturation, aujourd'hui, la plupart des processus sont informatisés. Les entreprises utilisent des logiciels de gestion des transports pour automatiser les tâches, améliorer la précision et réduire les erreurs.

Réglementation : Les réglementations dans le secteur du transport ont considérablement évolué au fil des décennies. De nouvelles lois ont été adoptées pour réglementer les heures de conduite et de repos des chauffeurs, les normes de sécurité des véhicules, les émissions polluantes et d'autres aspects du transport routier. La conformité réglementaire est devenue une priorité absolue pour les entreprises de transport.

Globalisation : La mondialisation a eu un impact majeur sur le transport, avec une augmentation des échanges commerciaux internationaux et une expansion des réseaux de transport à l'échelle mondiale. Les entreprises de transport doivent maintenant naviguer dans un environnement mondial complexe, avec des défis tels que la gestion des douanes, les différences culturelles et les exigences réglementaires internationales.

Durabilité : Alors que la durabilité n'était pas une préoccupation majeure dans les années 80, elle est devenue un enjeu central dans le transport moderne. Les entreprises cherchent des moyens de réduire leur empreinte environnementale en adoptant des technologies plus propres, en optimisant les itinéraires pour réduire les émissions et en investissant dans des véhicules plus économes en carburant.

Commerce électronique : L'essor du commerce électronique a transformé les habitudes de consommation et a eu un impact significatif sur le transport de marchandises. Les entreprises de transport sont confrontées à une demande croissante de livraison rapide et à domicile, ce qui a entraîné des changements dans les modèles de distribution et de livraison.

En résumé, le monde du transport a connu des changements profonds depuis les années 80, avec l'émergence de nouvelles technologies, l'évolution des réglementations, l'impact de la mondialisation, l'importance croissante de la durabilité et l'influence croissante du commerce électronique.

Mon expérience en tant que chauffeur routier pendant plus de 25 ans met en lumière les changements profonds qui ont eu lieu dans l'industrie du transport au fil des décennies. Dans les années 80, le respect était plus présent sur les routes, tant entre les chauffeurs que vis-à-vis des patrons. La solidarité entre les chauffeurs en cas de panne était une norme, où chacun s'arrêtait pour aider son collègue en difficulté. Cependant, au fil du temps, j'ai observé un changement dans cette culture. Aujourd'hui, la solidarité semble avoir disparu, remplacée par une pression accrue sur les chauffeurs pour générer des revenus. Les exploitants sont devenus plus intrusifs, demandant des explications à chaque arrêt, ce qui a contribué à un sentiment de perte de liberté et de reconnaissance pour les chauffeurs. Le facteur financier semble primer sur tout le reste, au détriment du bien-être et de la satisfaction des chauffeurs.

Mon parcours dans le monde du transport routier m'a permis de constater de profonds changements depuis les années 80. À cette époque, les communications étaient limitées et les tâches administratives se faisaient manuellement. Aujourd'hui, grâce aux progrès technologiques, les opérations sont largement informatisées, avec l'utilisation de logiciels de gestion de flotte et de systèmes de suivi GPS. Les réglementations ont également évolué, avec un accent accru sur la conformité réglementaire, notamment en ce qui concerne les heures de conduite et les normes de sécurité des véhicules. La mondialisation a ouvert de nouvelles opportunités, mais a également introduit des défis tels que la gestion des douanes et les exigences réglementaires internationales. De plus, la durabilité est devenue une priorité, avec un intérêt croissant pour des pratiques de transport plus respectueuses de l'environnement. Enfin, l'essor du commerce électronique a transformé les habitudes de consommation, entraînant une demande accrue de livraisons rapides et à domicile. Mon expérience dans ce domaine m'a permis de m'adapter à ces changements et de trouver des moyens innovants de relever les défis du transport moderne

RESUMER :

Le livre, basé sur l'expérience personnelle de l'auteur en tant que chauffeur routier pendant plus de 25 ans, explore l'évolution de l'industrie du transport routier depuis les années 80 jusqu'à aujourd'hui. Il met en lumière les changements culturels et professionnels, notamment la diminution de la solidarité entre les chauffeurs, la pression accrue sur ces derniers pour générer des revenus et l'ingérence croissante des exploitants dans leur travail. L'auteur exprime un sentiment de perte de liberté et de reconnaissance pour les chauffeurs, alors que l'accent est désormais mis principalement sur la rentabilité financière. Ce résumé reflète les défis et les changements qui ont marqué l'industrie du transport routier au fil des décennies, offrant un aperçu précieux de l'expérience vécue par les professionnels du secteur.

MON BUT N'ÉTAIT PAS DE FAIRE UNE TONNE DE PAGE CAR UN LIVRE ILS N'Y AURAIENT PAS ASSEZ,

Mon but est de vous faire voir le transport routier de A à Z avec les évolutions et surtout la reconnaissance d'un chauffeur routier aujourd'hui. Une chose n'a pas changé et ne changera jamais, sans les routiers, il n'y à rien.

copyright@2024thiryvincent

All rights reserved

By vincent thiry

www.ingramcontent.com/pod-product-compliance
Lightning Source LLC
Chambersburg PA
CBHW070954220526
45471CB00007B/3032